BEI GRIN MACHT SICH IHR
WISSEN BEZAHLT

- Wir veröffentlichen Ihre Hausarbeit,
  Bachelor- und Masterarbeit

- Ihr eigenes eBook und Buch -
  weltweit in allen wichtigen Shops

- Verdienen Sie an jedem Verkauf

Jetzt bei www.GRIN.com hochladen
und kostenlos publizieren

Bibliografische Information der Deutschen Nationalbibliothek:

Die Deutsche Bibliothek verzeichnet diese Publikation in der Deutschen National-
bibliografie; detaillierte bibliografische Daten sind im Internet über http://dnb.d-
nb.de/ abrufbar.

Dieses Werk sowie alle darin enthaltenen einzelnen Beiträge und Abbildungen
sind urheberrechtlich geschützt. Jede Verwertung, die nicht ausdrücklich vom
Urheberrechtsschutz zugelassen ist, bedarf der vorherigen Zustimmung des Verla-
ges. Das gilt insbesondere für Vervielfältigungen, Bearbeitungen, Übersetzungen,
Mikroverfilmungen, Auswertungen durch Datenbanken und für die Einspeicherung
und Verarbeitung in elektronische Systeme. Alle Rechte, auch die des auszugsweisen
Nachdrucks, der fotomechanischen Wiedergabe (einschließlich Mikrokopie) sowie
der Auswertung durch Datenbanken oder ähnliche Einrichtungen, vorbehalten.

Impressum:

Copyright © 2019 GRIN Verlag
Druck und Bindung: Books on Demand GmbH, Norderstedt Germany
ISBN: 9783668973886

Dieses Buch bei GRIN:

https://www.grin.com/document/489807

Andree Horch

Systeme mit und ohne Fuzzy Controller im Vergleich. Darstellung am Beispiel einer Klimaanlage

GRIN Verlag

Inhaltsverzeichnis

Abbildungsverzeichnis II

Tabellenverzeichnis II

Abkürzungs- und Symbolverzeichnis II

1   Einleitung 1

2   Grundlagen 2

    2.1   Fuzzy-Mengen 2

    2.2   Fuzzylogik 4

    2.3   Fuzzy-Regelung 5

3   Fuzzy-Regelung für eine Klimaanlage 6

    3.1   Reglerentwurf 6

    3.2   Kritische Betrachtung des entworfenen Fuzzy-Reglers 10

4   Vor- und Nachteile von Fuzzy-Reglern 10

5   Fazit 12

Anhang V

Literaturverzeichnis XIV

Abbildungsverzeichnis

Abbildung 1 ZGF für eine scharfe Menge (a) und Fuzzy-Menge (b)............... V

Abbildung 2: Stückweise lineare ZGF...................... V

Abbildung 3: Zugehörigkeit von $x0$ zu den Teilmengen A und B VI

Abbildung 4: Beispiel für Linguistische Ausdrücke VI

Abbildung 5: Struktur eines einfachen Regelkreises VII

Abbildung 6 Aufbau eines Fuzzy-Reglers VII

Abbildung 7 ZGF der LV Temperatur VIII

Abbildung 8 ZGF der LV Heiz- und Kühlleistung IX

Abbildung 9 Implikation für HM bei $\vartheta = 11°C$.................. IX

Abbildung 10 Implikation für HK bei $\vartheta = 11°C$ X

Abbildung 11 Akkumulation von HK und HM X

Abbildung 12 Eingangs-Ausgangswerte-Diagramm XIII

Tabellenverzeichnis

Tabelle 1 Regelbasis der Fuzzy-Regelung für die Klimaanlage VIII

Tabelle 2 Fuzzyfizierung der Raumtemperatur..................... XI

Tabelle 3 Verschiedene Eingangs- und dazugehörige Ausgangswerte...................... XII

Abkürzungs- und Symbolverzeichnis

CoG	Schwerpunktmethode, engl. Center of Gravity
FL	Fuzzylogik; engl. fuzzy logic
FM	Fuzzy-Menge
FC	Fuzzy-Regelung; engl. fuzzy control
FCler	Fuzzy-Regler; engl. fuzzy controller
G	groß
K	klein

LT	linguistischer Term
LÜ	linker Übergang
LV	linguistische Variable
M	mittelgroß
N	negativ
P	positiv
RÜ	rechter Übergang
ϑ	(Raum-)Temperatur
ZGF	Zugehörigkeitsfunktion
ZGG	Zugehörigkeitsgrad

1 Einleitung

Der Beginn der Regelungstechnik liegt in der zweiten Hälfte des 18. Jahrhunderts. Iwan Polsunow hat bereits 1765 einen Regler mit Schwimmer und Absperrklappe zur Wasserstandsregelung in einem Kessel erfunden. Bedeutender war der 1788 von James Watt[1] erfundene Zentrifugalregulator. Er diente zur Drehzahlregelung von Dampfmaschinen.[2] Der Grundstein für die Fuzzy-Regelung (engl. fuzzy control (FC)) wurde erst 1965 von Zadeh[3] gelegt. Seine Theorie der Unschärfe (Fuzzylogik (FL)) fand allerdings lange Zeit keine Anerkennung in den exakten Wissenschaften. Ein hoher Grad von Unbestimmtheit oder Unschärfe in der Lösung technischer Probleme wurde zunächst nicht toleriert.[4] „Mitte der siebziger Jahre griffen dann jedoch einige Wissenschaftler die Idee der unscharfen Logik auf und entwickelten die Grundlagen der Fuzzy-Regelung. Der erste industrielle Einsatz der Fuzzy-Regelung erfolgte im Jahr 1980; es handelte sich um die Regelung eines Zementdrehrohrofens …. Seitdem wurde die Fuzzy-Regelung für eine Vielzahl von Aufgaben eingesetzt, besonders von japanischen Firmen."[5] Aufgeschreckt durch den hohen Entwicklungsstand und die Erfolge der japanischen FC erhöhten seit 1990 zahlreiche US-amerikanische und europäische Firmen und Forschungsinstitute ihre Aktivitäten auf diesem Gebiet.[6] „Mit Hilfe der von [Zadeh] entwickelten Theorie lassen sich … heute Steuerungen und Regelungen mit teilweise recht einfachen Mitteln realisieren, wo früher exakte Algorithmen und Gesetzmäßigkeiten keine hinreichende Problemlösung ermöglichten."[7]

Wie überlegen sind FC den regelbasierten Systemen ohne FL?

Hierzu müssen die Grundlagen der Fuzzy-Menge (FM), FL und FC ausgearbeitet werden. Anhand der theoretischen Entwicklung eines Fuzzy-Reglers (engl. fuzzy controller (FCler)) sollen die Entwicklungsschritte von FC dargestellt werden. Weiterhin sind die Vor- und Nachteile von FC gegenüber klassischen Regelungen zu benennen.

---

[1] James Watt (1736-1819), schottischer Erfinder, vgl. o. V., Watt.
[2] vgl. Zacher, S./Reuter, M., Regelungstechnik für Ingenieure, S. 1.
[3] Lotfi A. Zadeh (1921-2017), amerikanischer Informatiker und Mathematiker, vgl. o. V., Zadeh.
[4] vgl. Roddeck, W., Einführung in die Mechatronik, S. 280.
[5] Schröder, D./Buss, M., Intelligente Verfahren, S. 842.
[6] vgl. Unbehauen, H., Regelungstechnik I, S. 338.
[7] Roddeck, W., Einführung in die Mechatronik, S. 280

Nach der Beschreibung der Grundlagen geht es im Hauptteil um die theoretische Entwicklung eines FClers für eine Klimaanlage. Dabei werden die Entwicklungsschritte und das Reglerverhalten sowie die -ausgabe durch die Eingabe von Temperaturwerten demonstriert. Zuletzt folgt eine Zusammenfassung der in der Praxis festgestellten Vor- und Nachteile von FC.

2 Grundlagen

Zadeh legte 1965 mit seiner Fuzzylogik (FL) den Grundstein für die Fuzzy-Regelung (FC). Seine Theorie benötigte allerdings die Vorarbeit von Lukasiewicz[8]. 1930 beschrieb er die Theorie der Fuzzy-Mengen (FM). Mamdani[9] veröffentlichte 1973 seine fuzzy control theory. Alle weiteren Entwicklungsschritte können u.a. in Styczynski, Z. A./Rudion, K./Naumann, A., Einführung in Expertensysteme, S. 87 nachgelesen werden.

2.1 Fuzzy-Mengen

Ein Vergleich mit der klassischen Menge verdeutlicht die Unterschiede:

In der klassischen Aussagenlogik ist eine Aussage „wahr" oder „falsch".[10] Jedes Element gehört entweder zu einer Menge oder nicht.[11] Dagegen ist in der FL nach Zadeh eine Aussage zu einem gewissen Grad „wahr" oder „falsch".[12] Außerdem werden FM „... über eine **Zugehörigkeitsfunktion** μ definiert, die für jedes Element der Grundmenge G den Grad der Zugehörigkeit zur Fuzzy-Menge angibt."[13] In Bungartz, H.-J. u. a., Modellbildung und Simulation sind FM zur Unterscheidung von klassischen Mengen mit einer Tilde gekennzeichnet: z.B. $\tilde{A}$. Nachfolgend werden FM ebenfalls mit einer Tilde gekennzeichnet.

In Abbildung 1 (S. V) sind zwei exemplarische Zugehörigkeitsfunktionen (ZGF) für eine scharfe Menge und eine FM abgebildet. Die ZGF für die normalisierte Menge A (im Bild (a)) ist $\mu_A(x) = \{0,1\}$. Es gibt scharfe Grenzen und es sind nur die Werte 0 und 1 möglich.

[8] Jan Lukasiewicz (1878-1956), polnischer Logiker, Philosoph, vgl. o. V., Lukasiewicz.
[9] Ebrahim H. Mamdani (1942-2010), vgl. o. V., Mamdani.
[10] vgl. Noll, P., Statistisches Matching mit Fuzzy Logic, S. 25.
[11] vgl. Kramer, O., Computational Intelligence, S. 76.
[12] vgl. Unbehauen, H., Regelungstechnik I, S. 337.
[13] Kramer, O., Computational Intelligence, S. 80.

Die ZGF für die normalisierte Menge $\tilde{B}$ (im Bild (b)) ist $\mu_{\tilde{B}}(x) = [0,1]$. Hier sind alle Werte im Intervall 0 bis 1 möglich.[14]

Als ZGF für FM sind beliebige Kurvenformen möglich.[15] Die in diesem Assignment verwendeten Dreieck- und Trapez-Funktionen zählen zu der Gruppe der häufig verwendeten ZGF.[16] Abbildung 2 (S. V) bildet beispielsweise eine Trapez-Funktion ab. Im Trapez sind die Bereiche „Träger", „Kern" und „Übergang" eingezeichnet. Als Träger einer FM wird der Bereich definiert, „… in dem die Werte der Zugehörigkeitsfunktion von Null verschieden sind."[17] Im Kern sind alle Elemente mit dem Zugehörigkeitsgrad (ZGG) eins enthalten. Bereiche mit Elementen mit einem ZGG $0 < \mu(x) < 1$ werden als Übergang bezeichnet.[18] Die Übergänge können auf beiden Seiten gleich oder unterschiedlich breit sein. Bei der Dreieck-Funktion besteht der Kern aus nur einem einzigen Element, welches die Spitze bildet.

Gibt es mehr als eine FM, so kann ein Element x_0 sowohl zu einer Menge $\tilde{A}$ als auch gleichzeitig zu einer Menge $\tilde{B}$ gehören. Abbildung 3 (S. VI) stellt dies anschaulich dar: Es wird für das jeweilige Elemente der ZGG zu jeder FM bestimmt. Der ZGG $\mu_{\tilde{A}}(x_0)$ einer ZGF $\mu_{\tilde{A}}(x)$ „… beschreibt für das spezielle Element $x = x_0$, in welchem Maße es zur Fuzzy-Menge $[\tilde{A}]$ gehört. Dieser Wert liegt im normierten Einheitsintervall $[0,1]$."[19] Das gleiche Prinzip gilt für die Fuzzy-Menge $\tilde{B}$ und deren ZGG $\mu_{\tilde{B}}(x_0)$. Die ZGG in Abbildung 3 sind $\mu_{\tilde{A}}(x_0) = 0{,}75$ und $\mu_{\tilde{B}}(x_0) = 0{,}25$.

FM lassen sich mittels Mengenoperationen verknüpfen. Die wichtigsten Mengenoperationen sind die Vereinigung, der (Durch-)Schnitt und das Komplement.[20] Weiterführende Informationen zur Fuzzy-Algebra können u.a. Styczynski, Z. A./Rudion, K./Naumann, A., Einführung in Expertensysteme, S. 98–110 entnommen werden. „Der gebräuchlichste Operator zur Bildung der *Vereinigungsmenge* ist der *Maximumoperator*:

$$\tilde{A} \cup \tilde{B} = \{(x, \mu_{\tilde{A} \cup \tilde{B}}) | \mu_{\tilde{A} \cup \tilde{B}} = \max(\mu_{\tilde{A}}(x); \mu_{\tilde{B}}(x))\}"[21]$$

---

[14] vgl. Klüver, C./Klüver, J./Schmidt, J., Modellierung komplexer Prozesse, S. 161.
[15] vgl. Unbehauen, H., Regelungstechnik I, S. 340.
[16] vgl. Styczynski, Z. A./Rudion, K./Naumann, A., Einführung in Expertensysteme, S. 96.
[17] Unbehauen, H., Regelungstechnik I, S. 341.
[18] vgl. Unbehauen, H., Regelungstechnik I, S. 341.
[19] Unbehauen, H., Regelungstechnik I, S. 340.
[20] vgl. Styczynski, Z. A./Rudion, K./Naumann, A., Einführung in Expertensysteme, S. 98 f.
[21] Bungartz, H.-J. u. a., Modellbildung und Simulation, S. 263.

In der vereinigten Menge wird der Größte der beiden Werte $\mu_{\tilde{A}}(x), \mu_{\tilde{B}}(x)$ gewählt.

„Analog dazu lässt sich der *Minimumoperator* zur Bildung der *Schnittmenge*

$$\tilde{A} \cap \tilde{B} = \{(x, \mu_{\tilde{A} \cap \tilde{B}}) | \mu_{\tilde{A} \cap \tilde{B}} = \min(\mu_{\tilde{A}}(x); \mu_{\tilde{B}}(x))\}$$

verwenden."[22] Die Schnittmenge wird also aus dem Kleinsten der beiden Werte $\mu_{\tilde{A}}(x), \mu_{\tilde{B}}(x)$ gebildet. Das Komplement ist die Negation des Wertes. Bei einer Fuzzy-Menge wird es definiert durch $\overline{\mu_{\tilde{A}}(x)} = 1 - \mu_{\tilde{A}}(x)$.[23]

2.2 Fuzzylogik

Die Bedeutung des Begriffs FL ergibt sich aus den Bedeutungen der einzelnen Worte. Das Wort „Fuzzy" kommt aus dem englischen und bedeutet u.a. unscharf, verschwommen oder undeutlich.[24] Für das Wort Logik gibt es u.a. die Bedeutungen Lehre, Wissenschaft von der Struktur, den Formen und Gesetzen des Denkens; Lehre vom folgerichtigen Denken, vom Schließen aufgrund gegebener Aussagen; Denklehre oder Folgerichtigkeit des Denkens oder in einer Entwicklung, in einem Sachzusammenhang, in einer Konstruktion o. Ä. liegende zwangsläufige Folgerichtigkeit.[25] FL ist damit „… eine Logik, die eine Beschreibung von Unschärfe möglich macht. Genauer gesagt, ist die Fuzzy-Logik eine Theorie von unscharfen (mehrwertigen) Mengen, die die Vagheit, Verschwommenheit, Unsicherheit vermessen und auf ein Maß bringen lässt."[26]

Um sprachlich ausgedrücktes Wissen mit dem Computer verarbeiten zu können, entwickelte Zadeh 1973 die linguistischen Ausdrücke. Diese bestehen aus linguistischen Variablen (LV) und linguistischen Termen (LT).[27] LT bestehen aus Worten oder Sätzen einer Sprache und sind die Werte der LV. [28] Die LT sind damit auch die Bezeichnungen der FM. Abbildung 4 (S. VI) veranschaulicht diese Zusammenhänge.

---

[22] Bungartz, H.-J. u. a., Modellbildung und Simulation, S. 263.
[23] vgl. Styczynski, Z. A./Rudion, K./Naumann, A., Einführung in Expertensysteme, S. 100.
[24] vgl. o. V., fuzzy - LEO.
[25] vgl. o. V., Duden | Logik.
[26] Styczynski, Z. A./Rudion, K./Naumann, A., Einführung in Expertensysteme, S. 89.
[27] vgl. Noll, P., Statistisches Matching mit Fuzzy Logic, S. 37 f.
[28] vgl. Schröder, D./Buss, M., Intelligente Verfahren, S. 854.

2.3 Fuzzy-Regelung

Eine Regelung besteht aus einem Regelkreis (geschlossener Wirkungsablauf).[29] „Das Wesentliche einer Regelung besteht in einem *Rückkopplungszweig,* der dazu dient, die zu regelnde Größe (die *Regelgröße*) von Störeinflüssen unabhängig zu machen, so dass sie stets einen vorgegebenen Wert beibehält."[30] In Abbildung 5 (S. VII) ist ein Regelkreis abgebildet. Der Regelkreis besteht aus den beiden dynamischen Systemen Regler und Regelstrecke. Zur Beschreibung des komplexen Verhaltens dynamischer Systeme werden Differentialgleichungen verwendet.[31] „Ein Regler im Allgemeinen ist ein System, das in Abhängigkeit von einem Messwert eine bestimmte Stellgröße ausgibt."[32] FC ist ein regelbasiertes Regelungsverfahren. Das Verhalten eines Fuzzy-Reglers (FCler) wird „... nicht durch ein mathematisches Regelgesetz, sondern durch verbale Regeln beschrieben ..."[33]. „Jede Regel besteht aus einem WENN-Teil (Prämisse bzw. Bedingung) und einem DANN-Teil (Konklusion bzw. Schlussfolgerung). ... Die Regelbasis ist die Gesamtheit aller Regeln."[34]

Bei einer Fuzzy-Regelung (FC) ist der Regler ein FCler. In Abbildung 6 (S. VII) sind die Bearbeitungsschritte eines FClers dargestellt. Im ersten Schritt findet die Fuzzyfizierung statt. Hier werden die scharfen Eingangswerte in unscharfe Aussagen umgesetzt.[35] Für alle Eingangswerte werden durch die ZGF die Zugehörigkeit für alle LV bestimmt. Im zweiten Schritt, der Inferenz, findet die Auswertung der Regeln und die Bestimmung des Erfülltheitsgrads statt. Dies erfolgt in den drei Teilschritten Aggregation, Implikation und Akkumulation. In der Aggregation wird für jeden Einzelwert der Erfülltheitsgrad der Prämisse für jede Regel bestimmt.[36] Der Erfülltheitsgrad ist „... der kleinste der Zugehörigkeitsgrade der linguistischen Terme (Minimum-Operator bzw. UND-Verknüpfung)."[37] Danach wird in der Implikation der Erfülltheitsgrad der Konklusion der Regel ermittelt. Im Teilschritt Akkumulation findet die Ermittlung der Zielgröße statt. Dabei

---

[29] vgl. Unbehauen, H., Regelungstechnik I, S. 7.
[30] Zacher, S./Reuter, M., Regelungstechnik für Ingenieure, S. 1.
[31] vgl. Bungartz, H.-J. u. a., Modellbildung und Simulation, S. 248.
[32] Bungartz, H.-J. u. a., Modellbildung und Simulation, S. 265.
[33] Schröder, D./Buss, M., Intelligente Verfahren, S. 841.
[34] Zacher, S./Reuter, M., Regelungstechnik für Ingenieure, S. 374.
[35] vgl. Schröder, D./Buss, M., Intelligente Verfahren, S. 852.
[36] vgl. Neher, J., Neuro-Fuzzy-Modellierung, S. 76.
[37] Zacher, S./Reuter, M., Regelungstechnik für Ingenieure, S. 374.

werden für den jeweiligen Eingangswert alle Ergebnisse aus der Implikation vereinigt.[38] Im letzten Schritt, der Defuzzyfizierung, werden die vereinigten unscharfen Werte wieder in scharfe Werte umgewandelt.[39]

Die Einsatzbereiche von FC sind neben Regelungen u.a. Mustererkennung, Spracherkennung, Entscheidungsfindung und Expertensysteme.[40]

3 Fuzzy-Regelung für eine Klimaanlage

In diesem Beispiel soll die Innentemperatur eines Hauses durch eine Klimaanlage mit Fuzzy-Regelung (FC) geregelt werden. Als Eingangsgröße erhält der Fuzzy-Regler (FCler) den aktuellen Wert der Raumtemperatur. Der FCler soll dann zwei Verstärker ansteuern: der erste Verstärker steuert die Heizung in der Klimaanlage an, der Zweite steuert die Kühlanlage an. Die Ausgangswerte des FClers sollen dabei den Eingangswerten der Verstärker entsprechen: 0V bis 10V.

3.1 Reglerentwurf

Zuerst werden die linguistischen Variablen (LV) und Terme (LT) festgelegt. Sie sind Voraussetzung für die Festlegung der Zugehörigkeitsfunktionen (ZGF). „Die Festsetzung der ZGF ist ... kein mathematisches, sondern ein soziales bzw. psychologisches Problem: die ZGF ist immer das Ergebnis eines menschlichen Entscheidungsprozesses."[41]

Als Eingangsgröße gibt es in diesem Beispiel nur die LV „Temperatur". Folgende LT sind der Temperatur zugeordnet: „sehr niedrig" = „NG", „niedrig" = „NM", „etwas niedrig" = „NK", „optimal" = „NULL", „etwas hoch" = „PK", „hoch" = „PM" und „sehr hoch" = „PG".

Die LV der Ausgangsgrößen sind „Heizleistung" und „Kühlleistung". Die LT „keine" = „NULL", „schwach" = „K", „mittel" = „M" und „stark" = „G" sind den Leistungen zugeordnet. Der Ausgangsspannungsbereich von 0V bis 10V lässt sich einfach in eine Prozentskala umrechnen: 0% bis 100%. Diese Prozentskala soll im Folgenden beim Entwurf des FClers verwendet werden.

---

[38] vgl. Neher, J., Neuro-Fuzzy-Modellierung, S. 76
[39] vgl. Schröder, D./Buss, M., Intelligente Verfahren, S. 853.
[40] vgl. Styczynski, Z. A./Rudion, K./Naumann, A., Einführung in Expertensysteme, S. 122.
[41] Klüver, C./Klüver, J./Schmidt, J., Modellierung komplexer Prozesse, S. 163.

Der erste Schritt nach Abbildung 6 (S. VII) ist die Fuzzyfizierung, also die Umwandlung der scharfen Werte in Fuzzy-Werte. „Bei der Anwendung der unscharfen Mengen versucht man ... im Allgemeinen, mit möglichst einfachen ZGF wie den Dreiecks- (sic!) oder Trapez-Funktionen auszukommen."[42] Zunächst wird die ZGF für den LT „optimal" bzw. „NULL" festgelegt: Gewählt wird die Trapez-Funktion; die Fuzzy-Menge (FM) des Trägers ist $\tilde{\vartheta}_{NULL}$ =]15°C, 25°C[, die des Kerns $\tilde{\vartheta}_{NULL,Kern}$ = [20°C, 22°C], die des linken Übergangs (LÜ) $\tilde{\vartheta}_{NULL,LÜ}$ =]15°C, 20°C[und die des rechten Übergangs (RÜ) $\tilde{\vartheta}_{NULL,RÜ}$ =]22°C, 25°C[. $\tilde{\vartheta}_{NULL,Kern}$ entspricht bei dieser FC der Führungsgröße $w(t)$ aus Abbildung 5 (S. VII). Der FCler soll die Regelstrecke (Raumtemperatur) auf den optimalen Temperaturbereich (20°C bis 22°C) regeln. Dies gelingt durch das kontinuierliche Rückkoppeln der Messwerte $y(t)$, also dem Eingeben der aktuellen Raumtemperatur in den FCler. Als Störungen $z(t)$ kommen u.a. ein Öffnen des Fensters oder der Haustür, das Absinken der Außentemperatur in Frage usw.

Im Folgenden wird die Angabe „°C" bei den Wertangaben weggelassen. Ferner werden diese Abkürzungen verwendet: negativ (N), positiv (P), groß (G), mittelgroß (M) und klein (K). Nun wird die ZGF für die „sehr niedrigen" Temperaturen bzw. „NG" festgelegt: Träger $\tilde{\vartheta}_{NG}$ = $[-\infty, 10[$, $\tilde{\vartheta}_{NG.Kern}$ = $[-\infty, 5]$, ein LÜ existiert nicht, also $\tilde{\vartheta}_{NG,LÜ}$ = ∅, $\tilde{\vartheta}_{NG,RÜ}$ =]5, 10[. Alle Temperaturen $\vartheta < 10°C$ sind der Menge $\tilde{\vartheta}_{NG}$ zugehörig. Deshalb besteht der LÜ aus der leeren FM. Die ZGF für den LT „sehr hoch" bzw. „PG" besitzt folgende Eigenschaften: $\tilde{\vartheta}_{PG}$ =]28, ∞], $\tilde{\vartheta}_{PG,Kern}$ = [31, ∞], $\tilde{\vartheta}_{PG,LÜ}$ =]28, 31[, ein RÜ existiert nicht, also $\tilde{\vartheta}_{PG,RÜ}$ = ∅. Alle Temperaturen $\vartheta > 28°C$ sind der Menge $\tilde{\vartheta}_{PG}$ zugehörig. Deshalb besteht der RÜ aus der leeren FM. Alle weiteren LT werden mit der Dreieck-Funktion umgesetzt. Die Festlegung der FM kann aus Abbildung 7 (S. VIII) abgelesen werden. Dort sind alle ZGF aller LT der LV „Temperatur" abgebildet.

Durch diese Vorarbeit kann die Fuzzyfizierung erfolgen. Die Bestimmung des Zugehörigkeitsgrads (ZGG) der Raumtemperatur zu den LT erfolgt durch Ablesen der Werte auf der Achse $\mu_{\tilde{\vartheta}}(x)$ aus Abbildung 7 (S. VIII). In Tabelle 2 (S. XI) sind den LT die

---

[42] Klüver, C./Klüver, J./Schmidt, J., Modellierung komplexer Prozesse, S. 163.

ZGG des ganzzahligen Temperaturbereichs 1°C bis 35°C zugeordnet. Aus Gründen der Übersichtlichkeit sind alle Zellen mit ZGG $\mu_{\tilde{\vartheta}}(x) = 0$ rot markiert.

Für die Inferenz werden die ZGF der Ausgangsgrößen und die Regelbasis benötigt. In Abbildung 8 (S. IX) sind die identischen ZGF der Ausgangsgrößen Heiz- ($\tilde{H}$) und Kühlleistung ($\tilde{C}$) abgebildet. Die Ausgabewerte $\tilde{H} < 0$ und $\tilde{H} > 100$ bzw. $\tilde{C} < 0$ und $\tilde{C} > 100$ sind in diesem Beispiel aus technischen Gründen unzulässig. Mehr als ausgeschaltet kann die Heizung/Kühlanlage nicht sein; mehr als die technisch vorgeschriebene Leistung dürfen die Geräte nicht abgeben. Den LT der LV Heizleistung sind folgende FM zugeordnet:

$\tilde{H}_{NULL} = [0, 25[, \tilde{H}_{NULL,Kern} = \{0\}, \tilde{H}_{NULL,LÜ} = \emptyset, \tilde{H}_{NULL,RÜ} =]0, 25[,$

$\tilde{H}_K =]0, 50[, \tilde{H}_{K,Kern} = \{25\}, \tilde{H}_{K,LÜ} =]0, 25[, \tilde{H}_{K,RÜ} =]25, 50[,$

$\tilde{H}_M =]25, 100[, \tilde{H}_{M,Kern} = \{50\}, \tilde{H}_{M,LÜ} =]25, 50[, \tilde{H}_{M,RÜ} =]50, 100[,$

$\tilde{H}_G =]50, 100], \tilde{H}_{G,Kern} = \{100\}, \tilde{H}_{G,LÜ} =]50, 100[, \tilde{H}_{G,RÜ} = \emptyset,$

Auf die Niederschrift der identischen Intervalle für die LV Kühlleistung wird an dieser Stelle verzichtet.

Die Regeln für den FCler sind in Tabelle 1 (S. VIII) niedergeschrieben. Die Prämisse steht in der Spalte „Regeldifferenz", die Konklusion in der Spalte „Klimaanlage". In der Spalte Klimaanlage ist eine kombinierte Angabe gewählt: Das vorweggestellte „H" steht für heizen (engl. to heat), während das vorweggestellte „C" für kühlen (engl. to cool) steht. Der zweite Buchstabe bezieht sich auf die LT aus Abbildung 8. Daneben entspricht die Spalte Regeldifferenz der Sollwertabweichung $e(t)$ in Abbildung 5 (S. VII).

Die in der Praxis häufig eingesetzte Mamdani-Inferenz wird in diesem Beispiel ebenfalls verwendet. „Diese beruht auf der Bestimmung einer resultierenden Gesamtfläche. Für eine solche Fläche wird anschließend ein Schwerpunkt ermittelt, der dem Wert der scharfen Lösung entspricht."[43] Anhand der Beispieltemperatur von $\vartheta = 11°C$ werden die nächsten Schritte fortgeführt.

Die Aggregation entfällt in diesem Beispiel. Notwendig wäre sie bei mehr als einer Eingangsgröße, die vom FCler verarbeitet werden muss.

Die Implikation ergibt bei der Eingangsgröße $\vartheta = 11°C$ folgende Erfülltheitsgrade G_i:

---

[43] Styczynski, Z. A./Rudion, K./Naumann, A., Einführung in Expertensysteme, S. 119.

$G_{HG}(11) = 0$; $\quad G_{HM}(11) = 0{,}8$; $\quad G_{HK}(11) = 0{,}2$; $\quad G_{NULL}(11) = 0$; $\quad G_{CK}(11) = 0$; $G_{CM}(11) = 0$; $G_{CG}(11) = 0$.

Im Folgenden wird das Zustandekommen dieser Werte erklärt: Zieht man in Abbildung 7 (S. VIII) bei $\vartheta = 11°C$ eine senkrechte Gerade, so werden die ZGF NM und NK geschnitten. Dadurch werden aus Tabelle 1 die Regeln zwei und drei aktiv. Regel zwei besagt, dass die Prämisse NM zur Konklusion HM führt. Der Schnittpunkt der Gerade in $\vartheta = 11°C$ mit der ZGF NM ergibt den ZGG $\mu_{\vartheta_{NM}}(11) = 0{,}8$. Die Konklusion ergibt, dass die Fläche der ZGF HM ebenfalls bis zu dieser Höhe, dem sogenannten Erfülltheitsgrad $G_{HM}(11) = 0{,}8$ gefüllt wird. Eine grafische Durchführung dieser Implikation bildet Abbildung 9 (S. IX) ab. Die dritte Regel besagt, dass auf die Prämisse NK die Konklusion HK folgt:

WENN $\mu_{\vartheta_{NK}}(11) = 0{,}2$, DANN $G_{HK}(11) = 0{,}2$. Die Abbildung 10 (S. X) stellt diese Implikation grafisch dar. Durch die Vereinigung der Erfülltheitsgrade $G_{HM}(11)$ und $G_{HK}(11)$ ist die Akkumulation durchgeführt. Die Vereinigungsoperation verwendet den Maximumoperator (s. S. 3). Auf die Berechnung der einzelnen Werte wird hier verzichtet. Eine grafische Vereinigung ist ausreichend. Die akkumulierte Menge ist in Abbildung 11 (S. X) abgebildet.

Die Defuzzyfizierung erfolgt mit der häufig verwendeten Schwerpunktmethode (engl. Center of Gravity (CoG)). Nach CoG wird „… der defuzzifizierte Wert bestimmt, indem der Schwerpunkt der unter der Ausgabe-Fuzzy-Menge liegenden Fläche berechnet wird:"[44]

$$y_{CoG} = \frac{\sum_{i=1}^{n} G_i * y_i}{\sum_{i=1}^{n} G_i} \text{ [45]}$$

Die Variable y_{CoG} steht für den Ausgangswert der Methode CoG; y_i enthält den Schwerpunkt des jeweiligen LT. Unser FCler besitzt die Schwerpunkte $y_{NULL} = 0\%$; $y_{HK} = 25\%$; $y_{HM} = 50\%$; $y_{HG} = 100\%$; $y_{CK} = 25\%$; $y_{CM} = 50\%$ und $y_{CG} = 100\%$.

Der Ausgabewert nach der Schwerpunktmethode ist demnach:

$$y_{CoG}(11) = \frac{G_{HM}(11) * y_{HM} + G_{HK}(11) * y_{HK}}{G_{HM}(11) + G_{HK}(11)} = \frac{0{,}8 * 50\% + 0{,}2 * 25\%}{0{,}8 + 0{,}2} = 45\%$$

[44] Kramer, O., Computational Intelligence, S. 93.
[45] vgl. Zacher, S./Reuter, M., Regelungstechnik für Ingenieure, S. 376.

Bei einer Raumtemperatur von $\vartheta = 11°C$ stellt der Fuzzy-Regler eine Heizleistung von 45% und eine Kühlleistung von 0% ein. D.h. es wird eine Spannung von 4,5V ausgegeben, da der scharfe Ausgangswert eine Ausgangsspannung ist. Bezugnehmend auf Abbildung 5 (S. VII) entspricht dieser Ausgangswert der Stellgröße $u(t)$, wobei die Abbildung kein Stellglied enthält. In diesem Beispiel sind die Heizung und die Kühlanlage Stellglieder, die auf die Regelstrecke wirken.

Dies war eine exemplarische Berechnung für einen Eingangswert. In Tabelle 3 (S. XII) sind die Ausgangswerte der Heizung bzw. Kühlanlage für weitere Raumtemperaturen angegeben. Eine Visualisierung dieser Werte ist Abbildung 12 (S. XIII) zu entnehmen.

3.2 Kritische Betrachtung des entworfenen Fuzzy-Reglers

Der bislang theoretisch entworfene FCler scheint auf den ersten Blick ein geeigneter Regler für die Regelung der Raumtemperatur zu sein. Als nächstes müsste in einer praktischen Testphase überprüft werden, inwiefern der Regler geeignet ist und wie er optimiert werden kann. Weiterhin enthält der entworfene FCler einen festen Wertebereich für die „optimale" Raumtemperatur. Der Einsatz genau dieses FClers ist daher nicht für jeden Raum und jede Person geeignet. Es fehlt also die Möglichkeit den Sollwert zu variieren.

Abgesehen von diesen Mankos ist der Regler anhand von Prämissen und Konklusionen sehr einfach und zügig entwickelt worden. Der Verzicht auf das Analysieren der Regelstrecke und das Aufstellen der Differentialgleichungen haben dazu beigetragen. Ferner geben die Regelbasis und die ZGF der Eingangs- und Ausgangswerte einen sehr guten Überblick über das Reglerverhalten.

4 Vor- und Nachteile von Fuzzy-Reglern

Die Entwicklungen und praktischen Erfahrungen mit Fuzzy-Regelungen (FC) der letzten Jahre haben Vor- und Nachteile gegenüber klassischen Regelungen gezeigt. Als vorteilhaft erweisen sich u.a.:

1. die Möglichkeit zum mathematischen Behandeln unscharfer Mengen.[46]

---

[46] vgl. Styczynski, Z. A./Rudion, K./Naumann, A., Einführung in Expertensysteme, S. 203.

2. die Möglichkeit zum Lösen von Aufgaben bzw. Entscheidungsfindungsprozessen, die nicht vollständig sind oder keine scharfen Informationen besitzen.[47]

3. die Robustheit der Fuzzy-Regler (FCler), „...d. h. sie behalten das stabile Verhalten, auch wenn die Parameter der Regelstrecke nicht konstant sind.“[48]

4. die niedrigeren Kosten und Entwicklungszeiten im Vergleich zu klassischen Regelungen.[49]

5. das Nichtbenötigen eines mathematischen Streckenmodells.

6. die einfache Möglichkeit zum Entwurf von nichtlinearen Reglern.

7. die Flexibilität von FC, da Regler mit nahezu beliebigem Verhalten realisiert werden können. Es bestehen viele Einflussmöglichkeiten beim Reglerentwurf.

8. die Anschaulichkeit der FC.[50]

9. „..., dass das System mit Toleranzen arbeitet und nicht auf kleine ... [Schwankungen] sofort reagieren muss. Es kann sozusagen in Ruhe etwas abwarten, wie sich kurzfristige ... [Veränderungen] entwickeln.“[51]

10. die Möglichkeit, Expertenwissen in Form von WENN-DANN-Regeln in Expertensystemen zu implementieren. Daraus resultieren die Übersicht über alle möglichen Einzelfälle, sowie erweiterte Kontroll- und Entscheidungsmöglichkeiten.[52]

Den Vorteilen stehen u.a. folgende Nachteile gegenüber:

1. Für den Reglerentwurf existieren bislang weitestgehend nur heuristische Verfahren. „Falls also kein Experte oder Bediener zur Verfügung steht, kommt man ohne vorherige Analyse der Regelstrecke auch hier nicht aus.“[53]

2. Die Konstruktion von Expertensystemen erweist sich als problematisch, wenn menschliche Experten ihr Wissen für Problemlösungen schlecht anwenden können. [54]

---

[47] vgl. Styczynski, Z. A./Rudion, K./Naumann, A., Einführung in Expertensysteme, S. 85.
[48] Zacher, S./Reuter, M., Regelungstechnik für Ingenieure, S. 371.
[49] vgl. Zacher, S./Reuter, M., Regelungstechnik für Ingenieure, S. 371.
[50] vgl. Schröder, D./Buss, M., Intelligente Verfahren, S. 841.
[51] Klüver, C./Klüver, J./Schmidt, J., Modellierung komplexer Prozesse, S. 179.
[52] vgl. Klüver, C./Klüver, J./Schmidt, J., Modellierung komplexer Prozesse, S. 179.
[53] Unbehauen, H., Regelungstechnik I, S. 364.
[54] vgl. Klüver, C./Klüver, J./Schmidt, J., Modellierung komplexer Prozesse, S. 177.

3. „Es existieren keine standardisierten Entwurfsverfahren."[55]

4. „Die Optimierung von Fuzzy-Reglern erfolgt durch Probieren und ist wegen der Vielzahl von Einflußmöglichkeiten (sic!) zeitaufwendig."[56]

5. Stabilitätsuntersuchungen bzw. andere mathematische Behandlungen sind schwierig, da FCler nichtlinear sind.

6. Der Rechenaufwand von FC ist relativ hoch.[57]

5 Fazit

Die Fuzzy-Regelung (FC) ist ein junger Zweig der Regelungstechnik. 1930 wurde die Theorie der Fuzzy-Mengen (FM) veröffentlicht. Darauf aufbauend entwickelte Zadeh 1965 die Fuzzylogik (FL). Mamdani entwickelte daraus bis 1973 die erste FC. Die Neuheit von FM ist, dass nun unscharfe Aussagen in der mathematischen Beschreibung anwendbar sind. Die FL verwendet linguistische Ausdrücke, um sprachlich ausgedrücktes Wissen mit dem Computer verarbeiten zu können. Dieses Experten-Wissen wird in der FC in einer Regelbasis genutzt. Die Einsatzbereiche von FC sind neben Regelungen u.a. Mustererkennung, Spracherkennung, Entscheidungsfindung und Expertensysteme. FC besitzen gegenüber klassischen Regelungen u.a die Vorteile, dass diese sehr robust sind, weniger Aufwand, Zeit und Kosten in der Entwicklung benötigen und das Nutzen von Expertenwissen ermöglichen. Nachteilig sind u.a der hohe Rechenaufwand von FC, zeitaufwendige Optimierungen der Regler, das Fehlen standardisierter Entwurfsverfahren sowie die Notwendigkeit von nutzbarem Expertenwissen. Unter bestimmten Voraussetzungen ist der Einsatz von FC den klassischen Regelungen vorteilhafter.

Der demonstrative Entwurf des Fuzzy-Reglers hätte anstelle mit den verwendeten Dreieck- und Trapez-Funktionen mit anderen Zugehörigkeitsfunktionen erfolgen können. Ferner wurde die Defuzzyfizierung nur mit der Schwerpunktmethode durchgeführt. Die Verwendung anderer Methoden und Funktionen bedürfen einer tieferen Betrachtung. Als weitere Option für den entworfenen Regler bietet sich die Einbeziehung der Außentemperatur als zusätzlicher Eingangswert an.

---

[55] Schröder, D./Buss, M., Intelligente Verfahren, S. 841.
[56] Schröder, D./Buss, M., Intelligente Verfahren, S. 841
[57] vgl. Schröder, D./Buss, M., Intelligente Verfahren, S. 841.

Anhang

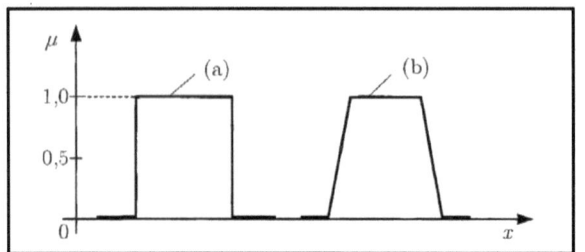

Abbildung 1 ZGF für eine scharfe Menge (a) und Fuzzy-Menge (b) [58]

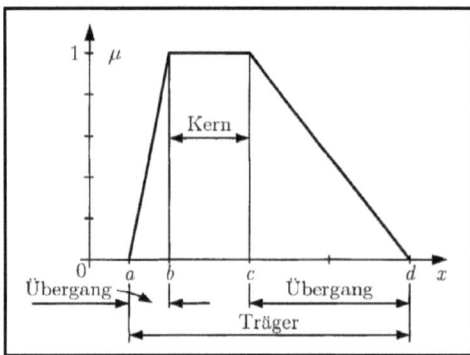

Abbildung 2: Stückweise lineare ZGF [59]

---

[58] vergleiche Unbehauen, H., Regelungstechnik I, S. 340.
[59] vergleiche Unbehauen, H., Regelungstechnik I, S. 342.

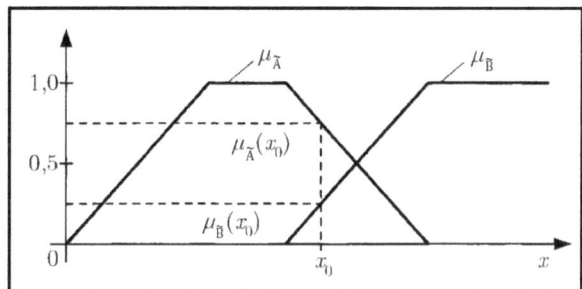

Abbildung 3: Zugehörigkeit von x_0 zu den Teilmengen $\tilde{A}$ und $\tilde{B}$[60]

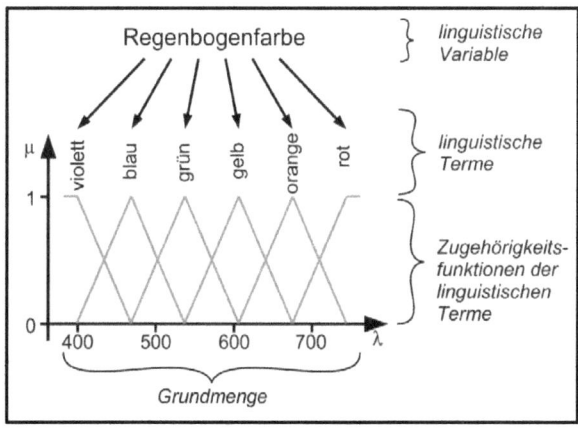

Abbildung 4: Beispiel für Linguistische Ausdrücke[61]

---

[60] in Anlehnung an Unbehauen, H., Regelungstechnik I, S. 340.
[61] vergleiche Bungartz, H.-J. u. a., Modellbildung und Simulation, S. 265.

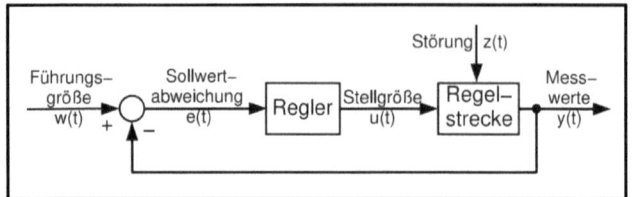

Abbildung 5: Struktur eines einfachen Regelkreises[62]

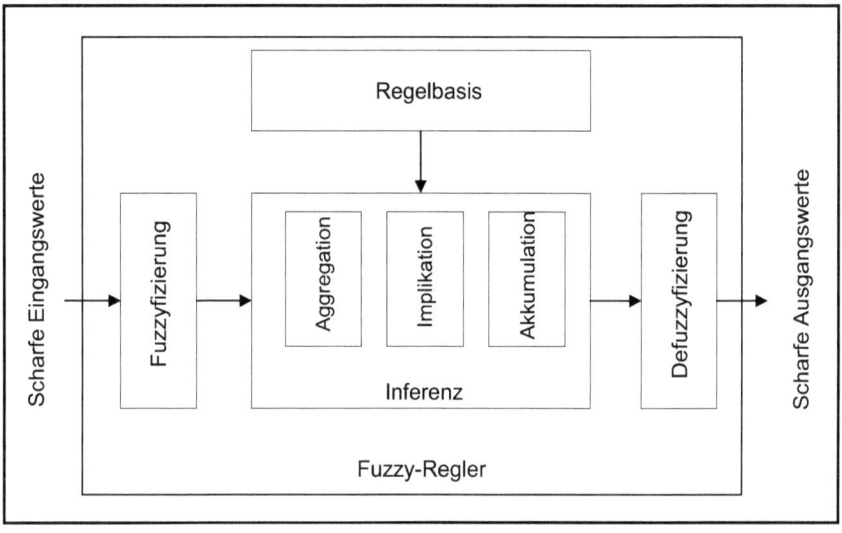

Abbildung 6 Aufbau eines Fuzzy-Reglers[63] [64]

---

[62] vergleiche Bungartz, H.-J. u. a., Modellbildung und Simulation, S. 247.
[63] angelehnt an Zacher, S., Übungsbuch Regelungstechnik, S. 105.
[64] angelehnt an Bungartz, H.-J. u. a., Modellbildung und Simulation, S. 269.

Regel		Regeldifferenz		Klimaanlage
1		NG		HG
2		NM		HM
3		NK		HK
4	**WENN**	NULL	**DANN**	NULL
5		PK		CK
6		PM		CM
7		PG		CG

Tabelle 1 Regelbasis der Fuzzy-Regelung für die Klimaanlage

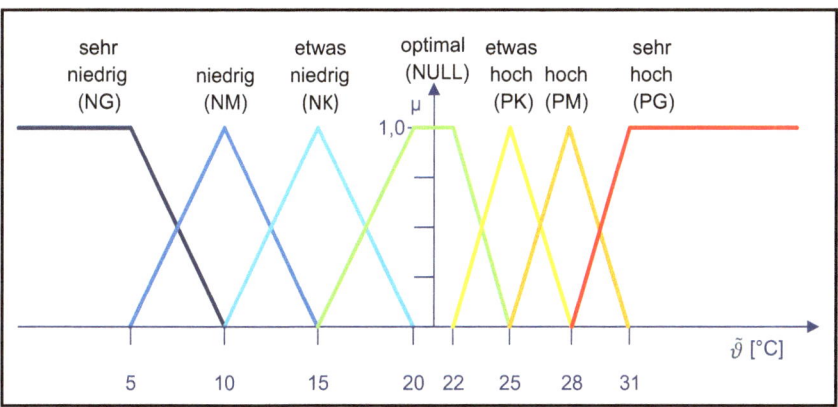

Abbildung 7 ZGF der LV Temperatur

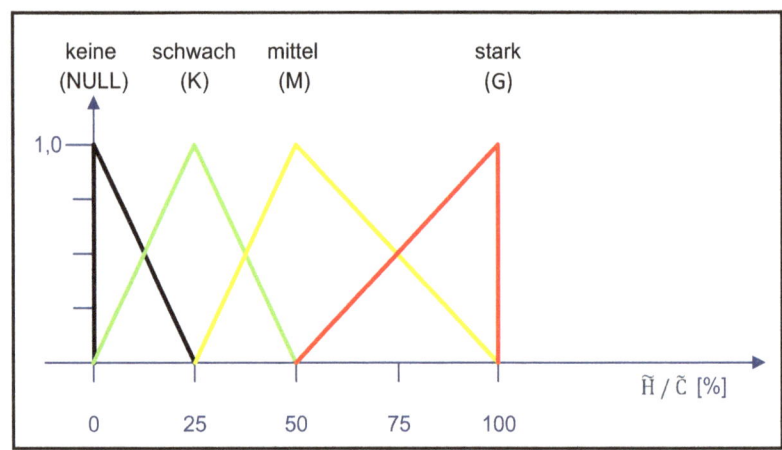

Abbildung 8 ZGF der LV Heiz- und Kühlleistung

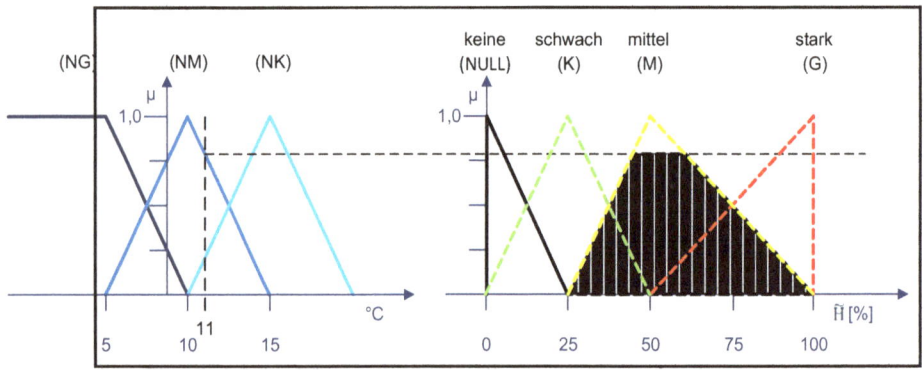

Abbildung 9 Implikation für HM bei $\vartheta = 11°C$

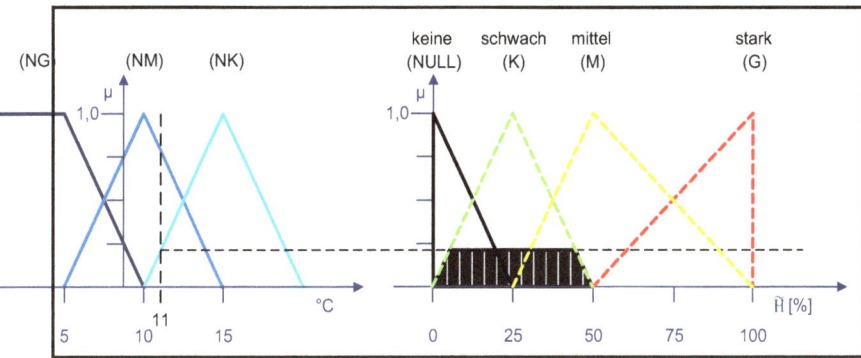

Abbildung 10 Implikation für HK bei $\vartheta = 11°C$

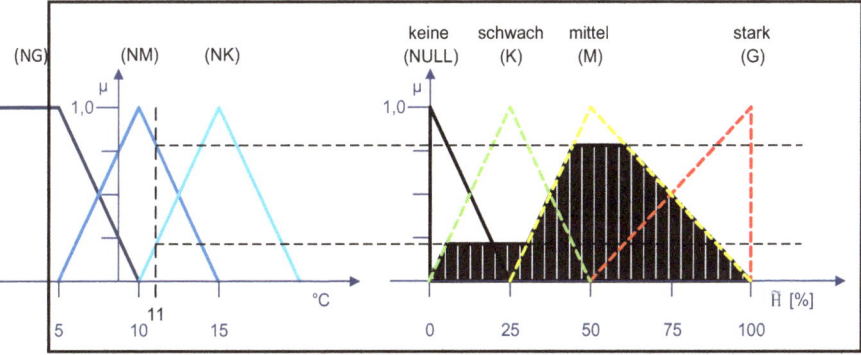

Abbildung 11 Akkumulation von HK und HM

scharf	unscharf						
	sehr niedrig	niedrig	etwas niedrig	optimal	etwas hoch	hoch	sehr hoch
	NG	NM	NK	NULL	PK	PM	PG
ϑ [°C]	$\mu\_(\vartheta\_NG)$	$\mu\_(\vartheta\_NM)$	$\mu\_(\vartheta\_NK)$	$\mu\_(\vartheta\_NULL)$	$\mu\_(\vartheta\_PK)$	$\mu\_(\vartheta\_PM)$	$\mu\_(\vartheta\_PG)$
1	1,00						
2	1,00						
3	1,00						
4	1,00						
5	1,00	0,00					
6	0,80	0,20					
7	0,60	0,40					
8	0,40	0,60					
9	0,20	0,80					
10	0,00	1,00	0,00				
11		0,80	0,20				
12		0,60	0,40				
13		0,40	0,60				
14		0,20	0,80				
15		0,00	1,00	0,00			
16			0,80	0,20			
17			0,60	0,40			
18			0,40	0,60			
19			0,20	0,80			
20			0,00	1,00			
21				1,00			
22				1,00	0,00		
23				0,67	0,33		
24				0,33	0,67		
25				0,00	1,00	0,00	
26					0,67	0,33	
27					0,33	0,67	
28					0,00	1,00	0,00
29						0,67	0,33
30						0,33	0,67
31						0,00	1,00
32							1,00
33							1,00
34							1,00
35							1,00

Tabelle 2 Fuzzyfizierung der Raumtemperatur

ϑ [°C]	Heizleistung	Kühlleistung
1	100%	0%
2	100%	0%
3	100%	0%
4	100%	0%
5	100%	0%
6	90%	0%
7	80%	0%
8	70%	0%
9	60%	0%
10	50%	0%
11	45%	0%
12	40%	0%
13	35%	0%
14	30%	0%
15	25%	0%
16	20%	0%
17	15%	0%
18	10%	0%
19	5%	0%
20	0%	0%
21	0%	0%
22	0%	0%
23	0%	8%
24	0%	17%
25	0%	25%
26	0%	33%
27	0%	42%
28	0%	50%
29	0%	67%
30	0%	83%
31	0%	100%
32	0%	100%
33	0%	100%
34	0%	100%
35	0%	100%

Tabelle 3 Verschiedene Eingangs- und dazugehörige Ausgangswerte

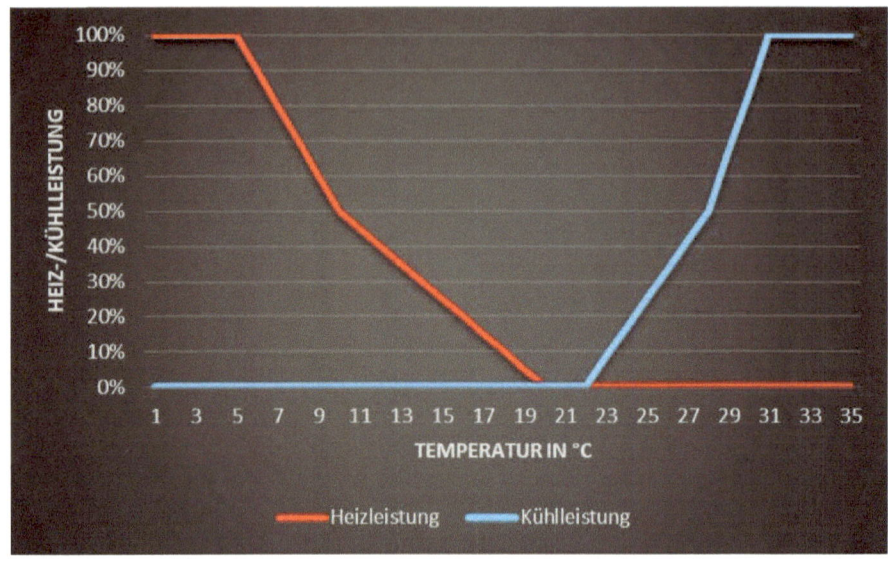

Abbildung 12 Eingangs-Ausgangswerte-Diagramm

Literaturverzeichnis

Bungartz, Hans-Joachim u. a.: Modellbildung und Simulation: Eine anwendungsorientierte Einführung, 2. aktualisierte und ergänzte Auflage, Berlin/Heidelberg 2013.

Klüver, Christina/Klüver, Jürgen/Schmidt, Jörn: Modellierung komplexer Prozesse durch naturanaloge Verfahren: Soft Computing und verwandte Techniken, 2. aktualisierte und ergänzte Auflage, Wiesbaden 2012.

Kramer, Oliver: Computational Intelligence: Eine Einführung, Berlin 2009.

Neher, Joachim: Neuro-Fuzzy-Modellierung zur umfassenden Prozessüberwachung am Beispiel des Ultraschallschweißens von Kunststoffteilen, Stuttgart 2012.

Noll, Patrick: Statistisches Matching mit Fuzzy Logic: Theorie und Anwendungen in Sozial- und Wirtschaftswissenschaften, Wiesbaden 2009.

o. V.: fuzzy - LEO: Übersetzung im Englisch ⇔ Deutsch Wörterbuch, hrsg. von LEO Dictionary Team, <https://dict.leo.org/englisch-deutsch/fuzzy> (Zugriff am 2019-05-09).

o. V.: James Watt, hrsg. von WHO'S WHO, <http://www.whoswho.de/bio/james-watt.html> (Zugriff am 2019-05-08).

o. V.: Jan Lukasiewicz, hrsg. von WHO'S WHO, <http://www.whoswho.de/bio/jan-lukasiewicz.html> (Zugriff am 2019-05-09).

o. V.: Mamdani, E. H., hrsg. von OCLC Online Computer Library Center, Inc., <http://worldcat.org/identities/lccn-n82014203/> (Zugriff am 2019-05-09).

o. V.: Duden | Logik | Rechtschreibung, Bedeutung, Definition, Herkunft, hrsg. von Bibliographisches Institut GmbH, <https://www.duden.de/rechtschreibung/Logik> (Zugriff am 2019-05-09).

o. V.: Katalog der Deutschen Nationalbibliothek: Zadeh, Lotfi A., hrsg. von Deutsche Nationalbibliothek, <http://d-nb.info/gnd/128821760> (Zugriff am 2019-05-08).

Roddeck, Werner: Einführung in die Mechatronik, 4. aktualisierte und ergänzte Auflage, Wiesbaden 2012.

Schröder, Dierk/Buss, Martin: Intelligente Verfahren: Identifikation und Regelung nichtlinearer Systeme, 2. aktualisierte und ergänzte Auflage, Berlin, Heidelberg 2017.

Styczynski, Zbigniew A./Rudion, Krzysztof/Naumann, André: Einführung in Expertensysteme: Grundlagen, Anwendungen und Beispiele aus der elektrischen Energieversorgung, Berlin 2017.

Unbehauen, Heinz: Regelungstechnik I: Klassische Verfahren zur Analyse und Synthese linearer kontinuierlicher Regelsysteme, Fuzzy-Regelsysteme, 15. aktualisierte und ergänzte Auflage, Wiesbaden 2008.

Zacher, Serge: Übungsbuch Regelungstechnik: Klassische, modell- und wissensbasierte Verfahren, 6. aktualisierte und ergänzte Auflage, Wiesbaden 2017.

Zacher, Serge/Reuter, Manfred: Regelungstechnik für Ingenieure: Analyse, Simulation und Entwurf von Regelkreisen, 15. aktualisierte und ergänzte Auflage, Wiesbaden 2017.